LA GUERRE ET LA PAIX

Guerres de Religion
Guerres saintes — Guerres sacrées

LES GRANDS HOMMES

Le Peuple

La Guerre compromet la liberté des Peuples
La Guerre tuée par elle-même
Le Peuple prisonnier de Guerre

LA GUERRE ET L'ARGENT

PAR

CH. VERNEUIL

TYPOGRAPHE
MEMBRE DU CERCLE D'UNITÉ SOCIALISTE

LIMOGES

IMPRIMERIE - LIBRAIRIE - PAPETERIE - RELIURE

DUCOURTIEUX & GOUT

7, RUE DES ARÈNES, 7

1902

LA GUERRE

Les guerriers sont aussi nombreux que les
flots de la mer de Lybie quand Orion dé-
chaîné les soulève ou que les épis qui jaunis-
sent dans les campagnes de Lycie ou dans
celles que baigne l'Hémus.

(VIRGILE, *Enéide*, liv. VII).

Certes, les guerriers ne sont pas aussi nombreux que
les flots et que les épis, même à beaucoup près, mais ils
le sont encore beaucoup trop et j'ajoute : à quoi servent,
en définitive, les guerriers ?

Les motifs de collision sont les mêmes entre toutes les
créatures : les hommes se battent pour la terre, pour les
femmes, pour l'argent et pour les places.

Les animaux pour leur proie, leur nid et leur femelle.
Mais plus raisonnables que les hommes, les animaux se
battent pour ce qui les touche eux-mêmes.

Quant à nous, nous nous battons pour un homme que
nous n'avons jamais vu et contre des hommes que nous ne
connaissons pas davantage et ceci sans bénéfice pour
personne.

Celui qui nous fait battre le fait souvent d'après un
système qui n'est pas même le sien, mais qu'il croit bon,
car ce que l'homme, en tout pays, croit le plus vite, le plus
fort et le plus longtemps, ce sont les sottises.

Or, de toutes les morts, la pire — selon M. Boucher
de Perthes, *Hommes et Choses* — est de mourir d'une
sottise.

Parmi les sottes croyances, l'une des plus fâcheuses est celle qui dit que faire du mal aux hommes peut faire du bien aux choses.

C'est pourtant sur cet axiome que sont fondées toutes les déclarations de guerre.

« Mais nous avons des voisins qui sont nos ennemis.

» Qui vous l'a dit?... Sont-ils les nôtres ou sommes-nous les leurs? »

Un méchant roi a beaucoup d'ennemis.

Un roi imbécile en a bien davantage, il en voit partout, il en invente quand il n'en voit pas.

L'imbécile, c'est aussi un peuple qui en haït un autre parce que quelqu'un lui a dit : « C'est l'ennemi ! »

» Pourquoi l'ennemi?

» Est-ce parce qu'il parle allemand et que nous parlons français ou parce qu'il porte un ruban jaune à son chapeau et que nous en portons un rouge, un violet, un blanc ou un bleu?

» Quel mal a fait cet ennemi à toi tailleur, à toi menuisier, à toi cordonnier, à toi porcelainier, à toi imprimeur, à toi barbier?

» Est-ce qu'il t'empêche de faire des habits, des portes et des fenêtres, de raser tes pratiques, de construire des maisons, d'imprimer des livres ou de tourner des assiettes?

» Laisse-le donc en paix puisqu'il te laisse en paix. »

Mais le fond du pouvoir absolu, c'est de ne jamais avoir tort et au besoin de dépenser des flots de sang humain pour le prouver.

Pourquoi compterait-il?

S'il perd sur une carte il jouera sur l'autre, mais jamais il ne se retirera d'une erreur qu'après l'avoir épuisée.

Le peuple n'est-il pas là?

Rien de plus notoire.

Question d'honneur diront les amis de la sainte Gloire.

Moyen assuré par lequel un maître absolu enchaîne à toutes les fantaisies qui lui plaît de concevoir une nation entière.

On engage une affaire d'avant-poste. Dès lors, plus de paix ni de trève, il faut envahir le territoire.

A-t-on osé vous disputer la frontière?

Il ne faut plus s'arrêter que dans la capitale.

* *

Si tous les prolétaires de l'Europe avaient du bon sens, ils jureraient de ne jamais aller à la guerre.

Quant à ceux qui y sont, eux aussi, et à jour fixe, prenant leur sabre et leur fusil, et les jetant au nez de ceux qui les leurs ont donnés, ils s'en retourneraient chez eux retrouver leurs outils et leur bêche avec serment de ne plus les quitter.

Sans doute cette mesure aurait des inconvénients si elle n'était que partielle et si nous jetions nos uniformes en France tandis que les Prussiens garderaient les leurs en Prusse.

Et si le gouvernement continuait d'écraser le peuple d'impôts pour fabriquer des canons monstres destinés à foudroyer les populations des villes et des campagnes, à détruire l'avenir de laborieuses familles.

Mais, encore une fois, si les Prussiens comme les Français étaient bien convaincus qu'ils se battent et se tuent pour des intérêts qui ne sont pas les leurs et tout simplement pour coiffer de laurier un monarque Tel ou Tel et des généraux et leur faire des gants de leur peau. Prussiens, Autrichiens, Italiens et Russes se hâteraient de suivre le conseil donné plus haut par M. Boucher de Perthes, comme étant tout ce qu'il y a de plus fraternel et de plus juste au monde.

.*.

Il y aurait vraiment de quoi rire si un jour les palais, les ministères, les préfectures, les palais des princes de l'Eglise se trouvaient sans avoir de factionnaires à leur porte.

Et les casernes transformées en maisons de retraites pour les vieux ouvriers.

Et les sabres et les fusils jetés à la ferraille à bon marché.

Et dans les arsenaux, que de bons canons de bronze pour fabriquer des sous, des casseroles, des poêles à frire, des chaudrons, des clochettes pour les vaches.

Que de conscrits pour faire de bons maris, que de pompons pour faire des balles à leurs enfants.

Que d'habits galonnés, brodés, pailletés, que de panaches pour jouer des proverbes toute l'année.

Quel bon temps !

Quel cocagne universel, on ne verrait plus de sang couler.

On ne verrait plus de pays désolés, des gens estropiés et tout ce qui est l'effet des désastres de la guerre, particulièrement les blessures et les maladies que fait contracter l'état militaire.

On ne verrait plus les fruits de la guerre.

.*.

La guerre est un fléau que les amis de l'humanité ont de tout temps cherché à combattre ou du moins à restreindre.

C'est dans ce but que furent établi les *amphyctionies* des Grecs et les *trêves de Dieu* au moyen-âge.

Dans les temps plus rapprochés de nous, on a vu les *quakers* anathématiser la guerre et refuser obstinément d'y prendre aucune part.

Au dix-huitième siècle, l'abbé de Saint-Pierre crut avoir trouvé, dans la création d'un tribunal suprême des nations, le moyen d'assurer la paix perpétuelle.

De nos jours, il s'est formé un congrès de la paix qui n'a pas eu d'effets plus que tous les efforts précédents.

∴

Voyons, essayons de dire ce qui est bon dans la paix et dans la guerre.

La guerre est ordinairement précédée de plaintes réciproques. Les deux ennemis s'accusent des mêmes torts et si ces torts ne sont pas réparés, ils en viennent aux mains.

Les prétextes de la guerre sont, le plus souvent, la mauvaise foi, les injures ou les actes de violence commis par l'un des ennemis.

Lorsque deux peuples sont d'accord sur l'existence d'un fait et que l'on veut s'en venger par les armes, le différend consiste dans la justice ou l'injustice de ce fait.

Ces deux rapports dans une action ne peuvent être confondus.

A qui conseillera-t-on de déclarer la guerre?

Est-ce à la nation dont les prétentions sont justes ou à celle qui n'a suivi aucun principe?

On n'oserait point dire qu'il faut s'armer contre un ennemi fidèle à tous les traités. Cette conduite serait injuste.

Le guide de la raison des gouvernants doit donc être la justice ou l'injustice lorsqu'il s'agit de décider de la Paix ou de la Guerre.

C'est la justice ou l'injustice qui rendent les guerres légitimes ou coupables.

Ce qui est à remarquer, c'est que souvent deux nations en guerre s'obstinent à s'entretuer pour le chimérique honneur de voir l'une baisser l'étendard la première devant l'autre; elles ne sont enflammées d'aucune antipathie nationale profonde, elles ont été amies et sont intéressées à l'être encore.

Agir de la sorte, n'est-ce pas donner de la gloire une idée fausse et funeste au repos des peuples?

N'est-ce pas propager le système des conquêtes sans motifs raisonnables?

N'est-ce pas armer les peuples les uns contre les autres?

Comme si les peuples n'étaient pas frères, comme si le même intérêt ne devait pas les unir.

Comme si tous n'étaient pas égaux.

Comme si la divine nature eût destiné les uns à ramper sous les autres.

Bienfaisante philosophie! C'est à toi à guérir les gouvernants et les peuples de leurs erreurs.

Eclaire l'esprit de ceux qui, consacrant leurs veilles à l'instruction du genre humain, se disent inspirés par toi : ils ne le sont que par les préjugés, le fanatisme et la superstition.

Qu'ils propagent partout ces principes sacrés :

Que la vrai gloire ne se cueille jamais hors des limites de la vérité.

Qu'il n'y a de légitime que la guerre de défense; que toutes les autres sont des outrages faits à la Nature et aux Nations.

Oserons-nous dire que les peuples qui se sont massacrés mutuellement — comme des sauvages — au nom de la gloire, connaissaient bien la nature de la justice?

Des querelles sur la justice et l'injustice fournissent plus d'un exemple d'affreux combats.

Cette différence dans la manière de juger qui est juste ou injuste a fait répandre des flots de sang.

C'est ainsi que l'orgueil d'un seul homme, qui a entre les mains la souveraineté d'un peuple, se joue insolemment de la vie de ce peuple et force tous les bras de s'armer pour vider ses querelles particulières.

L'histoire n'offre pas d'autres phénomènes : toutes les guerres entreprises par les rois ne l'ont été que pour les rois, leurs favoris ou leurs maîtresses, jamais pour le peuple !

Le peuple est toujours compté pour rien dans la balance des intérêts politiques.

« Quand on pense — comme le dit un de mes confrères en typographie, Victor Breton, dans un journal de la Suisse romande — aux milliards inutilement gâchés pour entretenir l'arme au pied tant de millions de soldats, et qu'en regard l'on met les immenses progrès qu'on pourrait réaliser en faisant servir à des œuvres utiles toutes ces forces immobilisées, on reste confondu de l'état d'aberration dans lequel se trouvent les peuples improprement appelés civilisés. »

C'est toujours avec tristesse que je constate ces incitations journalières au chauvinisme dans tous les pays et toutes ces alliances entre gouvernements en vue d'une conflagration pouvant éclater d'un moment à l'autre.

Cette besogne n'est point faite pour rassurer sur l'avenir.

Quand donc enfin les peuples comprendront-ils que tous les maux dont ils sont affligés viennent de leurs erreurs, de leurs intérêts mal entendus et de leurs préjugés ?

Après tout — me disait un politicien — la guerre est la débauche du sang, comme la politique est la débauche des intérêts. L'Europe n'a-t-elle pas sans cesse recommencé la guerre et les luttes politiques dans l'intérêt de quelques-uns ?

L'homme en masse a son ivresse de tremper ses pieds dans le sang. Ne faut-il pas que la guerre ait des enchantements bien extraordinaires pour faire accepter à l'homme, même rechercher, les atroces douleurs ennemies de notre frêle enveloppe ?

En guerre, l'homme ne devient-il pas un ange exterminateur — au point de vue religieux — une espèce de bourreau gigantesque au point de vue social ?

— Au moment de la victoire, répliquai-je, la nation est grisée par le succès, et la fumée militaire lui cache toutes les fautes commises et elle oublie les duperies aussi bien que les louches affaires.

Mais l'ivresse de la gloire se dissipe comme celle du vin, le temps fait son œuvre et l'on reconnaît que les mères pleurent sous l'armée triomphante, ne sachant même pas où meurent leurs enfants, ni pourquoi. »

En temps de guerre :

> « Le fanatisme et les haines
> » Rugissent devant chaque seuil,
> » Comme hurlent les chiens obscènes
> » Quand apparaît la lune en deuil. »   (V. II.)

En fait de cruautés toutes les armées se valent et c'est le moment de rappeler cette page magistrale écrite par Léon Cladel :

« Silence !

» On sait trop aujourd'hui que tous les carnassiers, que tous les fauves une fois démusclés s'entredévorent.

» Turc, on mutile les Slaves ;

» Slave, on émascule les Turcs ;

» Espagnol, les crocs te tombent d'avoir trop mordu le Cubain ;

» Et toi, créole de Cuba, tu dévores indifféremment le blanc, ton oppresseur, et le noir ton opprimé.

» Quant à vous, Anglais, oui, roide John Bull, oui, toi!... vous liez à vos canons chargés jusqu'à la gueule un chapelet de cipayes, et la décharge de vos pièces éparpillant en l'air la chair des suppliciés, desserrent leurs mains qui se serraient pour la dernière fois.

» A Varsovie, Moscovites, vous pendiez le Polak et vous fouettiez le Madgyar en Hongrie.

» Et toi, Prusse, assez bégueule, tu gobes le Hanovre, détrousse le Danemark et t'ingurgite la Lorraine et l'Alsace à l'aide de la Bavière que tu saigneras à blanc !

» On se souvient à Neusatz comme à Titel, de ton Hayssan, mélancolique Autriche ; on se rappelle aussi ton Radetsky, de Milan à Venise, et tes Bosniaques, à cette heure, apprennent, ô miellouse, à savourer ton Philippowitch !

» Italiens, Italiens, soit du Midi, soit du Nord, alimentez en vous la haine du despotisme prétorien du sacerdoce, en méditant sur ce que furent vos papes et leurs vicaires!... sur ce que seraient demain les sbires ressuscités des Bomba ; que pas un de vous surtout n'oublie que les condotaires casqués de votre *galantuomo* s'avilirent au point de commander à leurs bersagliers de faire feu sur l'homme Garibaldi!

» L'homme est loup et restera loup ; tant qu'il aura en main une arme meurtrière, il désirera s'en servir.

» C'est l'héritage des siècles de guerre.

» Tant qu'il sera le plus fort, il sera l'oppresseur, conséquence de l'axiome aussi vieux que le monde :

» La force prime le droit.

» Et nous verrons partout, à toute heure, comme de nos jours, comme aux âges passés, de même que sur les bas-reliefs et statues des conquérants, le vainqueur mettre le pied sur la gorge des vaincus !

» Il y a souvent de l'enfant ignorant dans le soldat — comme il y a presque toujours du soldat chez l'enfant, surtout en France.

» De l'ignorance naît l'inconscience. Tel acte commencé par être imbécile, finit par être féroce.

» Pas besoin d'instruction, pas besoin de comprendre pour prendre un fusil, le charger, faire jouer une détente et faire partir le coup.

» Quand les dirigeants envoient des soldats se battre à la guerre, est-ce qu'ils ont besoin de comprendre pourquoi ils se battent ? »

*
* *

En l'année 1873, sous le gouvernement du maréchal de Mac-Mahon, on donnait à Paris des fêtes superbes à ce monstrueux souverain d'Asie, qui, après la prise d'une ville, se fit apporter sur des plateaux d'argent trente livres pesant d'yeux arrachés aux principaux habitants ayant pris part à la défense de leur ville.

A l'occasion de ces fêtes, le maréchal Mac-Mahon — président de la République française — passa en revue nos soldats en l'honneur de ce souverain d'Asie, le Shah de Perse.

Le poète Victor Hugo protesta en ces termes :

Je veux qu'on soit modeste et puritain ; quant à moi,
Je déclare qu'après tant d'opprobre et d'effroi,
Lorsqu'à peine nos murs chancelants se soutiennent,
Sans me préoccuper si des rois vont et viennent,
S'ils arrivent du Caire ou bien de Téhéran,
Si l'un est un bourreau, si l'autre est un tyran,
Si ces curieux sont des monstres, s'ils demeurent
Dans une ombre hideuse où des nations meurent,
Si c'est au Diable ou bien à Dieu qu'ils sont dévots,
S'ils ont des diamants aux crins de leurs chevaux,

Je dis que, les laissant se corrompre ou bien s'instruire,
Tant que je ne pourrais faire au soleil reluire
Que des guidons qu'agitent un lugubre frisson,
Et des clairons sortis à peine de prison,
Tant que je n'aurais pas, rugissant de colère,
Lavé dans un immense Austerlitz populaire
Sedan, Forbach, nos deuils, nos drapeaux frémissants,
Je ne montrerais pas nos armées aux passants.

Guerres de Religion. — Guerres Saintes.
Guerres Sacrées

Chose étrange !

Les religions ne sont nullement antipathiques à la guerre.

Et ces monarques très chrétiens, et ces princes très chrétiens, qui pour rien au monde ne mangeraient une côtelette le vendredi, mangent des hommes tous les jours, même en temps de carême.

C'est que lorsqu'il s'agit de guerre, la conscience devient large, et qu'aux yeux de beaucoup de dévots, de casuistes, tuer des hommes est de droit divin.

Et pourtant Dieu a dit dans les commandements dont il est le publiciste : *Homicide point ne seras.*

Mais le clergé catholique s'est toujours rangé du côté du plus fort.

Le clergé catholique a eu mille fois des chants sacrés pour le despotisme et pas une fois pour la liberté et l'égalité du peuple.

Dans les dénominations de Guerre de Religion, de Guerre Sainte et de Guerre Sacrée, sont accouplés des mots qui se repoussent ; car si, d'après les prêtres, la religion c'est l'amour ; pour le philosophe, la guerre c'est la haine, le ravage, la destruction.

Chez les anciens, les guerres sacrées ; au moyen-âge, les croisades, et, dans l'histoire moderne, les dragonnades des Cévennes, la guerre de Trente-Ans étaient des guerres de religion.

**

Dans l'antiquité, les anciens ont donné le nom de guerre sacrée à trois expéditions belliqueuses dont la défense du temple de Delphes fut le prétexte ou l'objet.

La première fut entreprise l'an 600 avant Jésus-Christ contre les Crisséens, peuples habitant la Phocide, et qui rendaient victimes de leur cupidité les étrangers qu'attirait à Delphes le culte d'Apollon.

La seconde se rapporte à l'an 448 avant Jésus-Christ ; elle eut pour cause le pillage du temple d'Apollon par les Phocéens.

La troisième s'alluma l'an 356 avant Jésus-Christ ; elle eut pour cause l'usurpation par les Phocéens de terres dépendant du temple d'Apollon.

**

Le nom de guerre sainte fut donnée par Abou-Bekr à la guerre par laquelle il appela les fidèles sectateurs de Mahomet pour convertir à l'islamisme le peuple de Syrie. Elle dura vingt-trois ans, et soumit aux Arabes la Syrie, l'Egypte et la Perse.

Les guerres des fidèles Croisés contre les infidèles du Coran, pour conquérir la Terre Sainte, furent aussi appelées guerres saintes par les catholiques romains.

**

La haine des musulmans contre les chrétiens date de loin, non à cause de la religion, mais parce que le chrétien a commis à son égard tous les crimes possibles...

La férocité du sectateur de Jésus est restée légendaire en Asie, et le sang versé par les Croisés pèse encore sur leurs descendants.

Les Turcs précipités du haut des rochers dans leur lutte d'Antioche, culbutés dans l'abime avec leurs chevaux.

Les aqueducs roulant vers Tripoli les cadavres de ses habitants sortis pour défendre leur ville.

Le massacre des musulmans à la prise de Jérusalem, les uns décapités, les autres brûlés vifs ou forcés à coups de flèches de se précipiter du haut des tours.

Les rues encombrées des têtes, des mains et des pieds des vaincus mutilés, les chevaux piétinant jusqu'au poitrail dans les monceaux de cadavres, et dans le Temple le sang montant jusqu'à leur bride.

Et les femmes, et les vierges et les filles impubères violées par les pieux défenseurs de la Croix.

C'est là de l'histoire ancienne.

Mais il est des horreurs, des massacres, des cruautés qui sont presque d'hier.

« C'est le dramatique épisodes des grottes des Ouled-Rhio ; ces grottes profondes où s'était réfugiée toute une tribu kabyle et qu'enfuma le colonel Pélissier.

» Ne pouvant la déloger de cette retraite, il avait fait couper des fascines, les fit pénétrer dans les fissures du rocher et y mit le feu, pendant que la troupe cernait les issues.

» Les branches de bois vert mirent longtemps à s'embraser, mais bientôt elles dégagèrent une fumée épaisse et âcre qui, poussée par le vent s'engouffra dans les grottes.

» De longues heures s'écoulèrent. On n'entendait du dehors, que des cris de femmes, des vociférations d'hommes, puis des gémissements sourds, des piétinements semblables à des sauts de bêtes affolées ; puis, plus rien, le silence.

» Le jour se leva.

» Les soldats français se hasardèrent, la baïonnette au canon.

» Sur la terre humide gisaient pêle-mêle, étendus, confondus au milieu de milliers de moutons et de chèvres, huit cents cadavres d'hommes, de vieillards, de femmes et d'enfants (*Mystères du Monde*, Hector FRANCE). »

.·.

La Belgique, aux trois-quarts protestante au seizième siècle, a été ramenée à notre divine religion par la guerre du fer, du feu, de la corde et de la fosse.

« Un pas de plus », s'écria le jésuite inquisiteur duc d'Albe, « et le monde était perdu... Mais j'arrive... »

Me voici... Je ramène avec moi les ferveurs.
Pensif, je viens souffler sur les bûchers sauveurs.
Terre, au prix de la chair, je viens racheter l'âme,
J'apporte le salut, j'apporte le dictame.

Grâce à Dieu, joie à tous,
Joie à tous les cœurs ; ces durs rochers
Fondrons... Je couvrirai la terre de feu,
Je ferai flamboyer l'autodafé suprême,
Joyeux, vivant, céleste... O genre humain, je t'aime !

L'enfer et sa noirceur
Attendent l'Univers, je suis le guérisseur
Aux mains sanglantes... Calme, il sauve et semble horrible.
Je me jette effrayant dans la pitié terrible,
Vraie, efficace, et j'ai pour abîme l'amour,
L'amour de Dieu et de l'humanité.

(*Torquémada*, Victor HUGO).

Quand les armées espagnoles et les jésuites eurent noyé dans le sang le peuple flamand qui prétendait avoir la pensée·libre, que les hiboux peuplèrent les villes et les campagnes et que les libéraux protestants en eurent disparus, ce fut bien forcé à l'hérésie démocratique de fuir, de disparaître ou de s'humilier aux pieds de l'auguste orthodoxie.

Et depuis trois cents ans, la Belgique est revenue à la légende dorée de l'Eglise catholique, apostolique et romaine.

Et depuis trois cents ans, le Pape règne sur la Belgique.

Et depuis trois cents ans, les princes de l'Eglise prêchent le pardon dans le royaume humain de Belgique.

Et le prêtre appelle à lui tous ceux qu'on méprise, il ne maudit plus, il prodigue toutes les douceurs humaines.

Le prêtre n'est ni méchant, ni implacable, ni avide de richesses.

Il dit qu'aimer tous les hommes, c'est aimer Dieu.

Est-ce une chûte du peuple belge ou un bon effet des guerres religieuses ?

.·.

La Guerre compromet la Liberté des Peuples

Le peuple de France ne saura jamais avec quelle rapidité s'éveillaient les ambitions démesurées de pouvoir; les visions de domination dans l'esprit de M. Louis Napoléon et de son entourage.

Chez une moitié des Français, le bonapartisme n'est pas simplement une opinion politique, c'est encore aujourd'hui un culte, une adoration, une superstition.

L'occasion du projet d'invasion du Mexique a été la guerre des Etats·Unis.

Et à ce sujet Edgard Quinet — défenseur de la vérité et de la liberté — expose nettement les intentions de M. Louis Napoléon qui étaient celles de la transformation de la République américaine en un Empire napoléonien.

« Aux premières nouvelles d'un échec des Etats du Nord (guerre esclavagiste), le gouvernement des Tuileries se persuada que c'était fait de la grande République américaine.

» Du moins il crut qu'elle était trop occupée pour mettre obstacle à une entreprise bonapartiste.

» Il ne s'agissait que de choisir l'endroit où l'on porterait le grand coup à l'indépendance du Nouveau Monde.

» Le Mexique parut l'endroit propice. Il se remettait à peine, sous un gouvernement régulier et libéral, de ses longues guerres civiles.

» Avant de laisser ses plaies se cicatriser, on viendrait le frapper inopinément ; et même il n'y aurait pas besoin d'une longue guerre. Car on ferait à Vera-Cruz ce qu'on a fait à Civita-Vecchia.

» L'exemple de l'expédition romaine profiterait ainsi à l'expédition du Mexique. On recommencerait en 1862 l'œuvre et le stratagème de 1849. On se présenterait en allié... Le drapeau tricolore n'était-ce pas la liberté, l'indépendance ?

» Qu'on permette seulement à des amis d'envahir de leurs idées généreuses le territoire, les principales villes, de contenir les autres, de disperser ou de mitrailler les patriotes !

» Le glaive bonapartiste peut-il jamais faire mal ?

» On attendra pour parler en maître que la nation entière soit désarmée et prisonnière et sa capitale occupée.

» Peut-on pousser plus loin la bienveillance en faveur des peuples libres ?

» La facilité d'illusion est si grande dans M. Louis Napoléon, l'auteur de cette entreprise, qu'il est allé jusqu'à penser que le nom seul de Bonaparte courberait les hommes libres de la libre Amérique jusqu'à terre.

» A peine l'armée française aurait-elle besoin de paraître, clamait les courtisans.

» Et l'on verrait au Mexique les anciens adorateurs du Soleil se prosterner devant le soleil napoléonien. »

Et Madame Louis Napoléon, née Eugénie, prédisait que les soldats de la France seraient envoyés non pour combattre, mais pour recueillir des couronnes de fleurs d'aloès et de lauriers.

« D'ailleurs, ajoutait-elle au milieu d'un cercle d'intimes, nous nous associons à tout ce qu'il y a de réaction monacale et papiste. Nous ramassons tout ce que nous pouvons rencontrer d'éléments rétrogrades, oppressifs, obscurantins et jésuitiques dans le vieux monde et nous rétablissons la religion catholique, apostolique et romaine dans le berceau des Aztèques et aux Etats-Unis.

» Les jésuites nous aideront de la haine qui s'attache à leur nom. Ils menaceront pour nous du feu, de la corde, de l'exil ou de la proscription tout patriote qui défendra sa patrie et la liberté. »

Tu l'as échappé belle, peuple américain.

Vive la République !

LA PAIX

—

« La paix universelle est une niaiserie d'utopiste.

Peut-être la verra-t-on quand les intérêts des peuples ne seront pas en présence, ne se heurteront plus.

Comment voulez-vous, quand on a assisté au spectacle de famille jusqu'ici unie et qu'une question d'un lopin de terre ou de quelques billets de banque — de quelques écus seulement — dont l'un des membres a été favorisé au détriment d'un autre, parce qu'il était plus affectueux, peut-être plus flatteur et mieux aimé, qu'une question misérable divise sépare en deux camps et rend ennemi mortel de chacun.

Comment voulez-vous que, lorsque deux frères se battent pour une pièce de cent sous, les nations séparées d'intérêts, de race, par de longues traditions, dont le commerce de l'une ne prospère qu'au détriment du commerce l'autre, se tendent la main en une fraternelle étreinte ?

Au moindre froissement, au plus léger choc, la guerre éclatera, et ce sera la nation qui se croira la plus forte, c'est-à-dire qui pensera qu'il lui sera facile d'écraser, de rançonner, de piller, de ruiner l'autre qui tirera le premier coup de canon. »

* *

A ces arguments émis en faveur de la guerre par un publiciste, M. Hector Franco, arguments basés sur le vice de l'intérêt personnel, du *moi;* vice qu'une éducation anti-fraternelle a inculquée à l'espèce humaine, je réponds ceci :

« Raisonnant avec mes idées absolues sur la liberté et l'indépendance du peuple, je suis contre ceux qui veulent la guerre.

» Je suis contre ceux qui affirment que la guerre, don du Seigneur, fut de tous les temps et de tous les pays. Les Saintes Ecritures, dont l'authenticité ne saurait être mise en doute, révèlent que, dès avant le déluge, les hommes s'entr'égorgeaient déjà avec une rare satisfaction. »

Etant donné la haute antiquité de cet exercice humanitaire et charmant, je suis avec le bon Tolstoï, qui avait raison, quand il disait que « la pratique de la guerre n'était autre chose que celle de l'assassinat;

» Que la Raison d'Etat était un fratricide quand elle mettait des épaulettes et qu'elle s'appelait la Guerre. »

* *

La paix procure aux peuples la liberté, la sécurité, la moralité et la prospérité.

Personne n'est plus soldat, mais tout le monde sait lire, et comme la lecture engendre l'émulation, le désir de s'instruire, la jeunesse lit plutôt les bons livres que les mauvais.

La paix et l'union de tous les peuples se réaliseront quand ceux-ci se seront débarrassés des gouvernants qui ont intérêt à les maintenir en état d'antagonisme.

Dans l'intérêt de l'humanité, la paix doit être recherchée par les moyens qui donnent le plus de probabilité de l'obtenir.

Les préjugés nationaux tendent généralement à leur déclin. La raison humaine gagne pied à pied le terrain contre la folie et l'injustice, leurs éternels antagonistes.

On rejette universellement cette idée que telle nation est l'ennemie naturelle de telle autre.

Mais il subsiste des jalousies, d'anciennes rivalités qui mettent des entraves encore à une paix universelle.

Si une puissance conserve sur pied une armée de plusieurs centaines de mille hommes, les autres ne pourront se passer d'une force permanente militaire.

Les peuples verraient avec joie — je crois — toutes les nations réduire d'un commun accord, faire disparaître ces puissances offensives dont la présence est une menace de tout instant, un prétexte à la guerre.

Alors disparaîtraient les forteresses, les frontières et l'attirail de guerre et les préjugés de la multitude.

Une société qui admet les misères de la guerre, une humanité qui entretient les guerres ne sont pas autre chose qu'une société, une humanité inférieures.

Et c'est vers l'humanité sociale, vers les sociétés sans rois, sans empereurs, vers l'humanité sans frontières que les socialistes doivent tendre les bras.

La paix est le fanal du progrès, elle apaise l'âme qui souffre.

La paix guide la vie, endort la mort.

La paix montre aux méchants le gouffre, aux justes le port.

La paix est le rayon providentiel des peuples.

Malheureusement la guerre et l'intérêt personnel obscurcissent encore le monde.

Au lieu et place de la conscription, en attendant la refonte économique, ne voudrait-il pas mieux rendre un décret attribuant à toute famille ouvrière nécessiteuse une allocation de cinq francs par mois et par enfant au-dessous de quinze ans ?

Dépense que le gouvernement engagerait progressivement.

Ce serait un traitement familial, une œuvre de prévoyance sociale, un emploi humanitaire des millions de la paix armée chez tous les peuples.

Et l'on ne verrait plus des monarques représentant la force, se servir de la gloire pour opprimer les peuples, soulever une nation contre nation, un royaume contre un autre royaume.

Et il y a des famines, des pertes en tous lieux.

La mitraille cause partout des ruines.

Et les familles ne pleureraient plus les morts couchés dans les sillons.

Par exemple, nous n'aurions plus la satisfaction d'entendre le clergé romain s'enrouer à chanter des *Te Deum* aux pieds d'un César méprisé par eux.

Et nous n'aurions plus la honte de voir des populations imbéciles à genoux devant des puissances infâmes.

La tyrannie, le despotisme diminuent les hommes en nombre et en valeur.

La liberté, la fraternité, l'égalité les augmentent en nombre et en valeur.

LES GRANDS HOMMES

Aux époques de décadence d'une nation, le choix des grands hommes est bientôt fait : le plus fort est le meilleur. Toute gloire militaire éblouit. Tout homme est grand qui a assez asservi les autres hommes.

Les esclaves l'adorent à genoux.

Pour les temps de liberté, de démocratie, la question classe les grands hommes d'après la justice qu'ils ont fait entrer dans la société.

La question place le plus haut celui qui a le mieux représenté l'idée du droit de la conscience universelle, celui qui l'a le mieux défendu par ses actes.

Après lui, ceux qui ont découvert par la philosophie des vérités nouvelles dans la société d'abord puis dans la nature.

Après eux, ceux qui ont été l'ornement de leur siècle par l'art, la poésie, la littérature.

De la grandeur, de la noblesse du guerrier vainqueur, on peut la juger par l'oppression du peuple que ce maître insolent soufflette en niant les droits de l'homme et en fusillant ceux qui crient à la spoliation.

LE PEUPLE

Prenant pour prétexte que la France doit relever l'injure que lui a fait subir la Prusse, nombre de politiciens nationalistes — Césariens et Cléricaux — tiennent à la guerre de revanche.

Et c'est pourquoi, bourgeois, vous désirez tous laver cette soi-disant honte dans le sang du peuple.

Cette soi-disant honte, vous en êtes les complices par vos votes soutenus en faveur de M. Louis Napoléon.

Que vous importe la bataille perdue, les bataillons que la guerre fauche, que vous importe toutes ces jeunes et vaillantes poitrines qui viennent s'offrir aux coups de l'ennemi, puisque vous qui criez : « A la frontière ! » qui enlevez les multitudes par des mots à effets, vous vous retirez derrière les remparts et n'apparaissez que pour ramasser le butin.

Souvenez-vous donc de 1870 :

La France a-t-elle été loyalement vaincue dans sa lutte héroïque contre l'invasion prussienne.

Non. Elle a été trahie !...

Bazaine à Metz, Napoléon à Sédan se sont volontairement livrés, alors qu'ils pouvaient se défendre, abandonnant tout derrière eux.

L'histoire a dit pourquoi.

Puis sont venus les ponts trop courts, quand il s'est agi de sauver Paris; puis le plan Trochu; puis les retraites inexplicables, quand nous étions maîtres du terrain et que l'ennemi fuyait; puis... j'allais rappeler Buzenval; mais je m'arrête, ne voulant pas réveiller ces horribles souvenirs.

Cette guerre, est-ce qu'elle venait de la France?

C'est l'Empire qui l'a voulue, c'est l'Empire qui l'a faite et c'est la bourgeoisie qui a voulu l'Empire.

Ce n'est pas le peuple.

L'Empire qui devait être la paix est devenu l'invasion.

Le peuple français, voyant arriver la sombre foule conduite par un moderne Attila, insultait leurs chansons, leurs aigles, leurs serres et leurs défis.

La République démocratique universelle et la fraternité des peuples rendront à la France l'Alsace et la Lorraine sans une goutte de sang dans les rues, sans une larme dans les maisons.

**

Le peuple vous connaît, bons bourgeois, bons financiers, bons princes de l'industrie et du négoce, il sait quelle est votre bravoure, comment elle peut être comparée à vos paroles.

Il fut un temps où l'on vous croyait, parce qu'il fut un temps où vous combattiez avec le peuple contre une puissance infâme.

Souvenez-vous de 1789 qui devait rendre à l'homme tous ses droits et regardez ce que vous êtes devenus aujourd'hui.

Vous n'avez vaincu la noblesse que pour prendre sa place, vous n'avez renversé un régime que pour en créer un plus absurde encore à votre profit.

Le peuple gémissait alors sous le joug d'un groupe de privilégiés, aujourd'hui une multitude de gens avides l'exploitent, le font mourir à la peine.

Ah ! tenez, vous êtes grotesques !...

Vous aimez la guerre de l'injuste contre le juste, la guerre de l'oppresseur contre l'opprimé.

« Allons, dites-vous au peuple, il faut prendre le sac et emboîter le pas aux camarades. »

Après s'être demandé : où va-t-on ; quelle sera la fin ; la vie ou le tombeau ?

On n'en sait rien.

Le peuple va taper sur le cuir de pauvres diables comme lui, qu'on n'a jamais vus et qui ne vous ont jamais rien fait.

On leur troue la peau ou ils trouent la vôtre.

Pourquoi ?

Parce qu'un monarque a déclaré par la bouche des généraux, des officiers « que c'est un ennemi ».

C'est un homme comme toi, peuple, qui a comme toi un père, une mère, une femme, des enfants..... et en pressant une gâchette ou en lançant un coup de baïonnette, tu priveras une mère de son fils, tu feras une veuve et des orphelins.

Quand on y arrête sa pensée, c'est un triste métier que celui de soldat.

.•.

La douce philosophie des poètes socialistes annonce l'époque prochaine où les guerres auront disparu.

La formule de l'avenir est et sera résumée en ces trois mots :

Liberté, Egalité, Fraternité.

Et non plus : Guerre et massacre.

.•.

D'autre part, cette guerre que les nationalistes veulent contre la race germanique, quel résultat amènera-t-elle ?

Pour les nationalistes impérialistes, la restauration d'un

empereur quelconque suivie d'une quatrième invasion enfonçant à la France ses ongles dans le cou.

Pour le prolétariat, le sort sera-t-il amélioré pour cela ?

La bourgeoisie qui gouverne cessera-t-elle d'exploiter les travailleurs ?

Non !

Eh bien alors, pourquoi, peuple, irais-tu verser ton sang pour une cause nulle, une cause qui ne te rapportera rien.

S'il faut te préparer à une lutte, prépare-toi à la grande bataille sociale qui se livrera un jour. N'écoute pas les phrases de ces politiqueurs qui ne cherchent qu'à pêcher en eau trouble ; n'accepte qu'un langage, peut-être rude, mais clair, mais juste comme tes droits ; et s'il faut mourir en combattant, tâche que ce soit pour la lutte de l'intelligence, la grande lutte libérale où tu deviendras ce que tu aurais dû toujours être :

Homme libre et indépendant !

La guerre est un bourbier, tâche de rester sur les hauteurs, peuple.

.·.

Les progressistes socialistes glorifient le travail, le dévouement qui font le peuple grand et libre.

Le socialisme est une religion, et la religion socialiste a pour but de modifier le plus profond des abîmes :

Le cœur humain, où naissent les agitations, les révolution civiles et les drames de la guerre étrangère.

Le mieux social est la paix ; le bien social est la paix.

Dénoncer au peuple par un proverbe — ainsi que le font certains esprits forts — que le mieux est l'ennemi du bien, cela revient à dire que le mieux est l'ami du mal.

Donc, la guerre, battons-nous.

La leçon de 1870 a été terrible.

En profiterons-nous? Il faut l'espérer, à moins de se laisser aller de nouveau à la duperie, et de dire comme les faibles : c'était écrit.

La grande Révolution centupla la vie en affirmant l'esprit populaire de justice et de science.

Par l'instruction, l'ouvrier s'élèvera et la société s'affermira.

L'expédition de Chine et la guerre des Boërs ont eu des conséquences terribles pour le peuple ouvrier anglais.

Dans le Lancashire, une partie des manufactures ne fonctionnaient plus qu'à demi-journée.

La place de Manchester subissait une crise profonde.

Pendant que la guerre fait perdre aux travailleurs leur salaire, les dirigeants leur demandent des suppléments d'impôts pour égorger d'autres travailleurs qu'ils n'avaient jamais vu auparavant.

Les Européens ont eu les honneurs et commis les horreurs de la guerre de Chine; mais qui sait si la Chine ne cessera pas d'absorber les productions de l'Europe et si ce ne sera pas elle qui submergera l'Europe de ses produits !

Alors le peuple ouvrier européen aura fait les frais de sa propre catastrophe.

La Guerre tuée par la Guerre

M. Léon Richer a écrit dans une Revue Parisienne, que les hommes de science partisans de la paix répétaient souvent qu'à force de perfectionner les armes de combat à longue portée et d'augmenter incessamment la puissance destructive des engins de guerre, on finirait par tuer la guerre elle-même.

« C'est possible.

» Le fait est que, de nos jours, le courage entre pour bien peu de chose dans le succès d'une bataille. Ce n'est plus lui qui décide de la victoire.

» Il est loin le temps des hardies escalades, des assauts à la baïonnette, sous le feu des batteries de l'ennemi ! Elle est loin l'époque des charges de cavalerie, bravant la mitraille où cent, deux cents cuirassiers, sabre au poing, se précipitaient comme une avalanche à la gueule des canons et massacraient, un à un, les artilleurs terrifiés sur leurs propres affûts !

» Aujourd'hui, on ne se bat plus, à proprement parler. On s'envoie, à distance, nombre de boulets et d'obus, ou bien on bombarde une ville qui gêne, sans souci des habitants : — c'est plus vite fait !

» Il faut bien que la guerre progresse, n'est-ce pas ?

» Faire mordre, par ci par là, la poussière à un homme; la belle affaire !

» Incendier toute une ville, réduire en cendres une riche capitale, affoler une population, ensevelir sous les décombres des vieillards, des femmes et des enfants, et cela, de loin, le cigare aux lèvres, sans risquer même une égratignure, — à la bonne heure !

» Donc, il se peut que la civilisation indignée finisse, tôt ou tard, par s'émouvoir.

» Oui, je comprendrais que l'humanité toute entière se levât à un moment donné et dise aux Gouvernements : *Halte-là !* »

A la suite d'une bataille que voit-on ?

Vous ne trouvez plus que désolation dans les villes et autour des villes, plus rien.

Des populations ravagées, tombées dans un morne accablement. Des terres non ensemencées, des champs incultes.

Des villages incendiés, émiettés par les bombes, des meubles brisés, des hardes éparses, des mares de sang de-ci de-là, des cadavres de femme et d'hommes, des berceaux renversés.

Voilà la guerre !

Œil pour œil, dent pour dent, mal pour mal.

Voilà en campagne l'organisation militaire.

Quand donc les monarques et les princes renonceront-ils à leurs vengeances et à leurs ambitions déguisées sous les mots de raison d'Etat, de vindicte nationale.

Croient-ils donc toujours tromper les peuples ?

Et n'est-ce pas un jeu pour les assiégeants d'une ville d'écraser des quartiers entiers ; mirant quelque clocher, quelque tour et tirant à toute volée, ils peuvent de nuit et de jour tuer les femmes et les enfants dans les maisons.

Voilà comment se jouent des pékins, ces messieurs du génie, tout en fumant leur cigare.

Et il en sera de même tant que les peuples auront le préjugé du galon d'or, qu'il admirera les oripeaux, se passionnera pour le pantalon rouge.

Tant que les peuples croiront que la guerre est un mal nécessaire, que la guerre est un progrès mystérieux, occulte.

O peuples, appliquez donc votre bon sens, votre intelligence à comprendre les véritables causes de la guerre.

Alors vous aurez la paix.

Et n'est-ce pas un jeu de voir les Papes saluer et invoquer le Dieu des armées ?

Ils ne ressentent aucune idée libérale, aucune pensée d'émancipation et de fraternité à l'égard des peuples.

Cependant, partout la tiare, la mître et la crosse, enfin tout le clergé, prétend être l'image et les apôtres d'un Dieu de paix et d'amour.

Un jour viendra où le peuple français conquèrera les peuples voisins au progrès social. Les peuples verront luire enfin cette aube qui est la justice, la liberté et la paix.

Pendant que Paris, trahi par son gouvernement de défense nationale, se débattait dans une misérable agonie, le 18 janvier 1871, son vainqueur ceignit la couronne d'empereur d'Allemagne dans le Versailles de Louis XIV.

Pour rehausser l'éclat de cette cérémonie, des rois et des princes vassaux, des valets couronnés vinrent en foule d'Allemagne.

Et pendant ces fêtes de l'orgueil, blanchissaient dans nos champs, sous la neige, les ossements de milliers de braves jeunes gens, de braves pères de famille.

Ainsi par delà le Rhin, les veuves distribuaient aux orphelins une mince nourriture, leur disant : « Pauvres petits, vous n'avez plus de père. »

Ainsi pleuraient de braves mères qui n'avaient plus de fils.

Ainsi entre deux nations sœurs, faites pour s'entendre, pour s'aimer, coulait un vaste fleuve de sang.

Et cet empereur d'Allemagne était content de cela, et il en triomphait, et il trouvait d'autres monarques pour applaudir à sa manie sanglante.

Et quoi qu'on en ait dit, le peuple Allemand n'était point content.

Les lettres de ses soldats en font foi

Telle lettre écrite au bivouac, interrompue par le boute-selle, nous est parvenue parce que le fils qui l'écrivait à sa mère et n'avait pas eu le temps de l'achever a été tué.

Sur son cadavre, les ambulanciers l'ont retrouvée, et on y a lu ceci :

« Ah ! bien chère mère, jamais nous n'entrerons dans Paris. Ce siège ne finit point. Les Français sont trahis par leur gouvernement et par leurs généraux ; mais ne veulent pas se rendre. Combien nous craignons tous ici que, pendant que nous assiégeons leur capitale, ils n'aillent envahir l'Allemagne.

» Cette guerre est funeste aussi bien à l'Allemagne qu'à la France.

» Elle est devenue, depuis Sedan, anti-nationale.

» Nous avons délivré la France d'un empereur maudit, pour en imposer un à l'Allemagne.

» Le découragement, la démoralisation commence à nous..... »

O peuples ! quand deviendrez-vous raisonnables ? quand supprimant la race, sans cœur des porte-couronnes, finirez-vous vos discordes internationales par un embrassement universel ? (*Paris livré*, FLOURENS).

∴

Un souvenir de lecture s'éveille en moi.

Ce sont les paroles d'un conquérant qui, au soir d'une meurtrière bataille, devant la plaine jonchée de cadavres, se prit à dire à l'un de ses aides de camp « qu'une nuit de sa ville capitale suffira à remplacer tout ça ».

Pour ceux de haute naissance, pour la noblesse de race, il n'est qu'une seule manière de voir à l'égard des masses populaires : celle de combler les trous des boulets dans la la chair humaine.

« L'homme a toujours été, et il sera toujours, pour l'homme le plus redoutable ennemi. N'est-il pas naturel que la plèbe fournisse à la consommation ? »

∴

« Tandis que la paix armée dévore des milliards en tout pays civilisé, la France perd chaque année une grande bataille en ne faisant pas les cent mille enfants qu'elle se refuse à faire. »

Réflexion du philosophe Zola en songeant aux lits des casernes où dorment, solitaires, improductifs, corrompus par le milieu, quatre cent mille jeunes hommes du peuple les plus vigoureux, la fleur de la race, « tandis que dans leurs couches froides, une nombre plus grand de filles sans dot attendent le mari qui ne viendra pas ou qui viendra trop tard, épuisé, déjà gâté, incapable d'une famille saine et nombreuse.

» Et sans parler des garçons qui, ne croyant pas être une bête, rapportent du service militaire, au retour du régiment, le dégoût du travail.

Le Peuple prisonnier de guerre

Le sujet que je traite m'engage à donner ici deux pages détachées des souvenirs d'enfance d'Edgard Quinet. Elles montreront la barbarie de Napoléon-le-Grand à l'égard de ses prisonniers de guerre et sa haute considération pour le peuple.

« Une après-midi du printemps de 1812, ma mère allait en grande toilette à une réunion de fête et m'avait pris avec elle. Comme toujours, quand nous étions ensemble, nous avions peine à modérer notre joie, la beauté, l'éclat du jour l'augmentaient encore, tout-à-coup, au détour de la rue, débouche en plein soleil une longue colonne d'hommes qui marchent à la file, hâves, affamés, presque nus, défaillants, mourants de faim.

» C'étaient des prisonniers de guerre espagnols qui traînaient après eux tous les maux de la guerre. Quelques-uns de ces moribonds s'approchèrent de nous en tendant leurs mains et arrêtant sur nous leurs sanglots. A la vue de ces malheureux, ma mère fut saisie comme d'un remord de se voir si belle ; elle leur donna sa bourse. Elle rentra chez elle, et quitta bien vite en pleurant ses habits de fête qui lui faisaient horreur depuis qu'elle avait vu de telles calamités.

» Ce spectacle me poursuivit longtemps. Il s'y ajouta le lendemain une sorte de fièvre jaune que cette malheureuse bande avait répandue partout où elle avait passé. Notre petite ville en resta comme empestiférée pendant le printemps, l'été et l'automne de 1812.

» Chaque matin j'allais voir les cadavres que l'on entassait tout vêtus par monceaux dans un vaste chariot à la porte de l'hôpital.

» Et je n'éprouvais aucun saisissement à cette vue ; l'imagination dormait encore, je n'avais que neuf ans.

» Ce premier aspect de la mort me fut presque indifférent, soit que je trouvasse le nombre des cadavres audesssous de ce que le bruit public annonçait, soit peut-être que je ne visse là avec mes compagnons que des ennemis de la France, comme le disaient ceux dont l'intelligence n'avaient gardé qu'une case pour le sentiment fanatique voué à l'empereur.

» Cependant, je me calomnie par cette pensée des ennemis, car il y avait non seulement des femmes, mais des enfants de mon âge La pensée de leur captivité, de leur vie misérable, des dangers qu'ils avaient traversés, des guerres lointaines entrait pour beaucoup dans l'espèce d'affection que je leur portais. D'ailleurs, j'avais appris en secret, de ma mère, à respecter ce peuple. Souvent quand nous étions seuls, elle répétait devant moi : « On peut vaincre l'Espagne, non pas les Espagnols. »

» Cette parole me transportait comme une des maximes de notre Corneille : « Un despote guerrier peut vaincre un royaume, jamais un peuple entier. »

» C'est à ma mère que je dus ma première notion du droit d'autrui, mon premier sentiment de respect pour une nationalité étrangère. »

L'ARGENT

—

Autre chose que le juste sentiment d'horreur qu'elle inspire, discrédite la guerre.

Il s'agit des mobiles, le plus souvent inavouables, qui poussent les gouvernements à précipiter l'un contre l'autre deux peuples qui n'ont personnellement aucun motif de s'en vouloir. Car les causes déterminantes de la plupart des guerres contemporaines sont abjectes.

Exemples, ambition réservée :

La guerre du Mexique n'a eu d'autre but que d'assurer le paiement des fameux bons Jecker, dont M. de Morny, ami de Napoléon III, possédait la plus forte partie.

Il s'agissait de trois millions transformés frauduleusement en une créance de soixante-quinze millions, et c'est pour prélever ce bénéfice honnête que M. Louis Napoléon envoya une armée française intrépide sommer le peuple mexicain d'avoir à vider sur l'heure ses villes, ses villages et sa capitale. De livrer son indépendance, ses institutions, sa liberté, sa tradition, choses que tout peuple libre tient de son histoire, le tout devant être remplacé par une monarchie autrichienne, faute de quoi la dite république mexicaine sera appréhendée au corps et incarcérée de père en fils dans telle geôle qu'il plaira à M. Louis Napoléon de lui choisir.

Voilà une des raisons qu'on allègue pour chercher si loin une occasion d'opprimer un peuple libre.

L'expédition française de 1880, en Tunisie, envoyée par le ministère Ferry, sous prétexte de Kroumirs à châtier, mais, en réalité, pour faciliter la combinaison d'une compagnie financière française.

La guerre d'Egypte conduite par les Anglais de la manière que l'on sait et dans laquelle les susdits Anglais n'eussent pas été fâchés d'entraîner l'armée de la France.

Ce n'est un secret pour personne que la guerre anglo-égyptienne, y compris le bombardement d'Alexandrie, a eu pour mobile principal une affaire d'argent.

On a assassiné un peuple, réduit une nation, — non dans un but civilisateur et de progrès, non pour la défense de la justice et du bon droit méconnus, — mais pour être agréable à quelques actionnaires !

Sur ce point, si la conviction n'est point faite, il suffit de rapporter la parole prononcée par l'honorable M. Bradlaugh, membre du Parlement britannique, dans un meeting public, tenu à Bradford.

Voici en quels termes s'est exprimé M. Bradlaugh :

« Pour qui avons-nous bombardé des forts et brûlé des villes ? Pour les détenteurs des actions du canal de Suez ! Notre route des Indes n'a jamais été interceptée. Personne ne l'avait interceptée avant nous-mêmes. Notre armée est la seule qui ait fermé le canal depuis que cette voie de communication existe ! »

M. Bradlaugh a dit encore :

« Pourquoi sommes-nous allés en Egypte? On a osé prétendre que c'était pour protéger les Européens. Cela est faux... Affaire de livres sterling. »

Enfin, il a terminé par les paroles suivantes :

« Notre guerre n'a pas de but et l'on n'aurait pas dû la faire. Ce n'est pas là une question d'honneur et de justice.

Cette guerre inhumaine est si honteuse, si vile, que je ne trouve pas d'expressions assez fortes pour la qualifier.

» L'honneur, maintenant, n'est rien ; l'argent est tout. On fait la guerre, — c'est-à-dire qu'on viole un territoire et qu'on extermine un peuple, — pour le plus grand profit des banquiers et la plus grande prospérité des compagnies financières Les détenteurs anglais des actions du canal de Suez en savent quelque chose !...

» Est-il admissible que la conscience des peuples ne se révolte pas, quand de tels faits lui sont révélés ? »

Mais poursuivons, le dernier mot n'est pas dit. Nous le trouvons dans un second article de M. Léon Richer :

« Le général Wolseley doit ses succès à l'or qu'il a semé dans le camp d'Arabi !...

» On trouve toujours des traîtres quand on sait s'y prendre.

» Sous ce rapport, le vainqueur du parti national en Égypte s'est montré d'une habileté consommée.

» ... Il s'est dit qu'envoyer des boulets dans le camp ennemi ne le conduirait à rien ; il a préféré envoyer des bank-notes. A tout prendre, il y gagnait encore. Le moyen a parfaitement réussi.

» Des officiers égyptiens, jusque-là fidèles à la cause nationale, ont consenti, moyennant finances, à laisser surprendre les troupes nègres qu'ils avaient laissées seules dans le camp, à Tel-el-Kébir !

» Quelle honte ! quelle abjection !...

» Et la victoire ainsi obtenue pourrait être honorée ?

» Et la guerre se relèverait, pour bien longtemps, de semblables flétrissures ?

» L'heure ne serait pas proche où, de toutes parts, surgiront d'énergiques protestations contre cette manière de régler les différents internationaux ?...

» C'est peu probable. Tout sentiment de loyauté et d'honneur n'est pas éteint en Europe. J'aime à croire que ce qui domine encore, dans les consciences, c'est le respect du droit.

» Ce n'est donc pas seulement, — j'en suis fermement convaincu, — parce qu'elle est de plus en plus meurtrière, grâce aux progrès de la science, que la guerre sera bientôt condamnée, — *c'est parce qu'elle devient ignoble et méprisable.*

» *Ignoble dans son but, — méprisable dans ses moyens.* »

⁂

Quand Napoléon Iᵉʳ eut intrôné son frère Joseph en Espagne, il faisait passer par les armes tous les patriotes faits prisonniers en défendant leur pays. Il les regardaient comme des factieux et non comme des soldats dévoués à leur nation.

Napoléon-le-Grand avait jeté par derrière une corde au cou de l'Espagne pour l'étrangler.

Napoléon-le-Grand n'avait guère plus de sollicitude à l'égard du peuple français. Cent mille jeunes gens étaient sacrifiés à sa gloire chaque année et des millions étaient prélevés sur le peuple au profit de sa famille.

Joseph était roi d'Espagne, mais sa royauté se bornait à Madrid et aux environs occupés par l'armée française.

Tout le reste du pays était révolté.

« Quand un corps d'armée quelconque faisait à travers l'insurrection une trouée dans le pays, l'insurrection se reformait en arrière.

» Lever des impôts était chose impossible, aussi le roi d'Espagne et des Indes qui, en réalité, ne possédait pas plus l'Espagne que les Indes, non seulement n'eût pas pu soutenir l'éclat de sa cour, mais encore serait mort de faim à Madrid si, quatre fois par an, Napoléon n'eût pas envoyé ses appointements à ce frère Joseph.

» Les appointements du roi d'Espagne étaient de quarante-huit millions prélevés sur le peuple français.

» Par conséquent la France faisait, tous les trois mois, un envoi de douze millions, c'était ce qu'on appelait le Trésor.

» Trésor convoité amoureusement par les guerilleros espagnols et qui, une fois ou deux, tomba entre leurs mains, malgré la nombreuse escorte et l'artillerie sous la protection de laquelle se rangeait les fourgons-trésors. » (Alfred BARBOU, *Victor Hugo et son temps*).

En répandant à profusion le sang de ce bon peuple, tel monarque parvient à se maintenir en pays conquis. Des troupes incomparables réparent les fautes commises. Mais il en est que toute l'intrépidité du monde ne peut corriger et ce sont celles qui viennent de l'essence même des projets monarchiques.

C'est alors que le vide de l'entreprise éclate de manière à convaincre les plus aveugles, car le despote se trouve au fond de son propre piège et il ne pourra ni y rester ni en sortir sans un immense dommage d'hommes et d'argent prélevés sur le peuple.

Ce qui est le caractère de toutes les combinaisons où l'on met l'esprit d'aventure à la place de l'esprit de justice et de réflexion. C'est une guerre nationale perpétuelle, incessante, que le despotisme déchaîne contre son propre pays. Guerre sans relâche que la France a appris à connaître en Espagne où tout était ennemi, où le courage, la discipline, la supériorité des armes devenaient impuissants contre le fanatisme patriotique, l'exécration de l'envahisseur, l'acharnement des hommes et des choses contre la couronne du roi Joseph.

L'expédition de Chine qui laisse justement supposer qu'il s'agissait non seulement d'une affaire de sacs d'argent, mais de donner des gages aux idées catholiques, apostoliques, romaines et réactionnaires qui menacent sans cesse de gouverner la France.

Dans un temps peu éloigné, le peuple saura ce qui s'est passé sous le manteau de la cheminée.

En temps de guerre, on voit toujours et partout poindre la voracité des spéculateurs.

La guerre enrichit les trafiquants sans scrupules qui profitent *adroitement* des malheurs publics. Recevant des commandes de fournitures, tripotant dans l'ombre avec leurs protecteurs politiques et s'enrichissant de millions estorqués à la nation, aux contribuables.

Race toute puissante dans les ministères, ces gens-là fournissent aux soldats des draps renaissance payés cher ; des chaussures à semelles de carton-pâte ; des équipements ne pouvant faire aucun usage ni campagne. Et aucun de ces fournisseurs n'est châtié.

Séjournant à Paris au temps de la guerre prussienne, j'ai appris que des dames aimables et jolies de la bonne société obtenaient des fournitures d'armes, de munitions et d'habillements militaires. Lesquelles dames les repassaient à des amis qui, à leur tour, les cédaient à des fournisseurs.

Et chacun de prélever de grosses primes.

Partout le militarisme écrase le travailleur.
Peuple français sois uni et moins simple.
Peuples de tous pays soyez unis.

Étouffées les haines de race, étouffés les ressentiments, serrez-vous tous autour de la République universelle.

C'est par la Fraternité que vous sauverez vos libertés !

Les peuples libres et fiers chanteront la Concorde et marcheront vers le but sacré :

L'association socialiste !

Ch. VERNEUIL

TYPOGRAPHE.

Limoges, 1902.

Limoges. Imp. Ducourtieux et Gout, rue des Arènes, 7.

Documents manquants (pages, cahiers...)
NF Z 43-120-13

www.ingramcontent.com/pod-product-compliance
Lightning Source LLC
Chambersburg PA
CBHW051735050726
47598CB00003B/1205